AF227110

ANNALES ILLUSTRÉES

DU

SECOND EMPIRE

OUVRAGE DE BIBLIOTHÈQUE — GRAND IN-8° JÉSUS

Paraissant par fascicules bi-mensuels de 32 pages. — En tout 24 fascicules. — Soit : 2 volumes

GRAVURES HORS TEXTE PAR PHILIPPOTEAUX

PARIS : 20 francs. — Départements et Algérie, 22 francs. — Colonies et Étranger, 24 francs.

Extrait du chapitre IV : **Les Œuvres de la Captivité** *(page 19)* :

L'Opposition (1er avril 1843). « . . . . Demandez aux chefs de l'opposition dynastique
» comment ils comprennent les rapports internationaux de la France avec les autres puissances
» de l'Europe, et ils vous répondront par des *équivoques*. Demandez-leur comment ils conçoivent la
» diminution des impôts, l'amélioration de l'agriculture, l'organisation de l'industrie, le développement
» de notre commerce, et ils vous répondront par des *généralités*. Demandez-leur comment ils
» entendent les droits politiques des citoyens, l'organisation militaire de la France et l'organisation
» que réclament impérieusement les classes ouvrières, ils vous répondront : *Néant*. Comme le corps
» humain, une société ne prospère qu'autant que les parties dont elle est composée remplissent
» chacune régulièrement ses fonctions ; l'immobilité d'une seule entraîne la ruine de toutes les autres.
» Or la tête, siége de l'intelligence, doit conduire le reste du corps, ou, si elle manque à sa mission,
» elle meurt avec lui. *Vous, messieurs les députés, vous êtes la tête de la nation ; celle-ci ne*
» *recevant de vous ni impulsion, ni direction, devrait donc périr. Mais, comme les peuples ne*
» *périssent pas, la France marchera sans vous, si vous ne savez pas la conduire.*

» NAPOLÉON-LOUIS BONAPARTE. »

Ces dernières paroles, alors et toujours pleines d'actualité, ont pu paraître à quelques-uns
comme une tendance aux coups d'État ; mais le plus grand nombre a dû certainement y voir la
manifestation éclatante de cet esprit à la fois ferme et libéral qui devait reconstituer peu à peu l'édifice
social et couronner enfin son œuvre par le grand acte du 20 avril 1870.

Pour souscrire aux Annales, s'adresser à M. HENRI DE ROUGEMONT,

131, Rue Montmartre, Paris.

1614 — Imp. A. Michels, passage du Caire, 8 et 10.

ANNALES

ILLUSTRÉES

DU SECOND EMPIRE

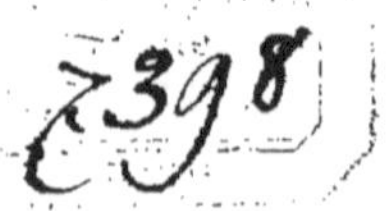

PAR M. DE ROUGEMONT

B. DE ROUGEMONT, ÉDITEUR, 1, RUE DU JARDINET
(Près le boulevard Saint-Germain)

ANNALES

ILLUSTRÉES

DU SECOND EMPIRE

1852 - 1869

PAR H. DE ROUGEMONT

« Incorruptam fidem professis nec amore
« quisquam et sine odio dicendus est. »

Un historien qui se consacre à la vérité doit parler de
chacun sans amour et sans haine.

(TACITE, *Histoires*).

« Sine irâ et studio.

Sans animosité et sans flatterie.

(TACITE, *Annales*).

Si, en présence de chaque événement qui modifie la face d'un pays, la foule pouvait se rappeler les événements de même nature qui ont agité les générations précédentes, les révolutions deviendraient plus rares. Le peuple ne puiserait pas dans la connaissance de l'histoire le goût de l'immobilité, mais le sentiment de ses droits et de ses devoirs, et, le jour où ce sentiment deviendrait populaire, il n'y aurait plus ni découragement, ni surprise. Une nation s'interrogerait comme un homme s'interroge et trouverait dans son passé des leçons éloquentes pour sa conduite dans le présent. Elle ne marcherait plus au hasard, mais s'avancerait d'un pas ferme vers le but marqué par la raison et l'expérience dans la voie du progrès et de la civilisation.

« L'histoire deviendrait donc une sorte de morale fondée sur l'expérience, une philosophie pratique, capable de nous inspirer ou de fortifier en nous ce qui constitue la vertu humaine, c'est-à-dire la force de vouloir et d'agir, le courage de vaincre la nature physique, le dévouement à la famille, à la patrie, à la société. » (Auguste Filon.)

« Mais, dit judicieusement M. Louis Binaut, l'histoire ne commence pas au lendemain des faits. Quand toutes les choses, petites ou grandes, qui bruissent ensemble et nous étourdissent confusément, se sont précipitées dans l'éternel silence, il faut encore que quelques années s'écoulent pour que la mémoire et l'oubli aient reconnu à chacun sa part. »

Cette doctrine est trop raisonnable pour que nous la combattions, mais elle entraîne un inconvénient auquel on n'a pas assez réfléchi. Certains faits s'obscurcissent, faute d'avoir été notés sur l'heure, et plus tard l'historien obligé à de longues recherches pour les retrouver, ne les voyant plus dans le milieu où ils se sont produits, court le risque de ne plus les retracer avec leur véritable physionomie. De là, vient le crédit accordé aux *Mémoires* contemporains qui souvent projettent une vive lueur sur une époque. Mais dans les *Mémoires*, la personnalité de l'auteur s'accuse toujours et il étend l'histoire sur un lit de Procuste, allongeant ou raccourcissant les événements d'après sa mesure.

L'œuvre à laquelle nous nous consacrons a pour but de remédier à l'inconvénient que nous avons constaté, tout en évitant l'écueil signalé pour les *Mémoires*. Placé en dehors des événements politiques, sans fanatisme comme sans rancune, nous voulons exposer les faits du règne de Napoléon III, année par année, tels qu'ils se sont passés. De là notre titre : *Annales*. Nous laisserons au lecteur et au temps le soin de tirer les conclusions. Notre livre ne sera en quelque sorte qu'une épreuve photographique du second Empire, avec quelques retouches amenées par la marche des événements.

Nous n'avons pas la prétention d'écrire l'histoire du régime actuel ; la postérité seule se trouvera dans les conditions nécessaires pour asseoir un jugement définitif sur notre époque. Le but que nous nous proposons, c'est de rassembler des matériaux que plus tard une main plus habile pourra utiliser pour élever un monument historique. Nous nous contentons d'en jeter les fondements : à d'autres de le construire. Mais, nous le disons, sans vanité comme sans fausse modestie, de la solidité des fondements dépend celle de l'édifice.

« Plus un homme est haut placé, a écrit l'empereur Napoléon III dans le *Préambule de la Constitution*, plus il est indépendant ; plus la confiance que le peuple a mise en lui est grande, plus il a besoin de conseils éclairés et consciencieux. » Or, l'histoire est la conseillère des souverains, on l'a répété souvent, mais, celle qu'on se garde de leur exposer sous son vrai jour, c'est la leur. Qui sait, cependant, combien de résolutions les maîtres du monde auraient modifiées, si, jetant un regard en arrière, comme le peintre qui se recule pour mieux juger l'effet d'un tableau, ils avaient pu revoir l'espace parcouru depuis leur avènement.

Sous ce rapport, notre œuvre ne sera peut-être pas inutile en plaçant sous les yeux de ceux qui ont dirigé les affaires de la France depuis dix-sept ans le tableau de leurs actes et des résultats de leur administration.

Si l'histoire est la leçon des rois, nous ne voyons pas pourquoi elle ne deviendrait pas également celle des peuples. Eux aussi pourraient y puiser de féconds enseignements. Ils apprendraient à surmonter les défaillances ; ils apprécieraient toute la valeur d'une ferme volonté qui marche à son but, sans se laisser décourager ni par les obstacles, ni par l'envie, ni par la malveillance. Mis ainsi en présence, les peuples et les souverains comprendraient mieux leurs efforts vers le bien, leurs droits et leurs devoirs. Ils se connaîtraient mieux, et, nous ne craignons pas de l'affirmer hautement, se rendant mutuellement justice, et concevant plus d'estime les uns pour les autres, ils entreraient dans une communion d'idées plus intime. Tout le monde y trouverait son profit, à commencer par la civilisation et la liberté.

Quelque impartial que l'on veuille se montrer, on est homme avant tout et toujours obligé d'embrasser un parti. Le nôtre sera celui de la vérité. Nous n'admirerons pas avec préméditation comme des courtisans, nous ne critiquerous pas avec obstination comme des ennemis. Nous appartenons à çette génération qui est entrée dans le monde avec l'empire, et comme nous n'entendons parler que de ce que nous avons vu par nos propres yeux, nous commençons notre histoire à la proclamation de l'empire et nous la poursuivrons jusqu'à la révision de la constitution de 1852 par le sénatus-consulte de 1869.

Partisan de la liberté, nous applaudirons à son extension; mais nous resterons également éloigné, et de ceux qui réclament des changements à vue, nous rappelant le mot profond d'un ancien : *Non it natura per saltus* (la nature ne procède pas par bonds) et de ceux qui veulent placer des obtacles sur la voie de la civilisation dans un coupable oubli de la première loi de l'humanité, le progrès.

Un dernier mot à nos lecteurs. Il est bon que tous, même les enfants, connaissent l'histoire contemporaine. Or, s'il est un attrait capable de maîtriser leur attention, c'est surtout celui des gravures. Nous avons donc cru utile de faire illustrer nos *annales* par des artistes en renom. La gravure servira à fixer le fait dans la mémoire. -

Si nous atteignons le but que nous nous sommes proposé, c'est aux lecteurs qu'il appartiendra d'en décider. Quant à nous, nous nous contentons de terminer ce préambule par le mot de Montaigne : « Ceci est un livre de bonne foi. »

Henri de Rougemont.

GRAND IN-8 JÉSUS MAGNIFIQUEMENT ILLUSTRÉ

OUVRAGE DE BIBLIOTHÈQUE

10 centimes	2 livraisons	50 centimes
LA LIVRAISON DE 8 PAGES	*TOUTES LES SEMAINES*	*LA SÉRIE DE 5 LIVRAISONS*

POUR PARAITRE CHEZ TOUS LES LIBRAIRES LE 5 OCTOBRE 1869

Paris. — Typ. Gaittet, rue du Jardinet, 1

ANNALES
ILLUSTRÉES
DU SECOND EMPIRE

PAR M. DE ROUGEMONT

AVANT-PROPOS

« Incorruptam fidem professis nec amore
« quisquam et sine odio dicendus est. »

Un historien qui se consacre à la vérité doit parler de
chacun sans amour et sans haine.

(TACITE, *Histoires*).

« Sine irâ et studio. »

Sans animosité et sans flatterie.

(TACITE, *Annales*).

Si, en présence de chaque événement qui modifie la face d'un pays, la foule pouvait se rappeler les événements de même nature qui ont agité les générations précédentes, les révolutions deviendraient plus rares. Le peuple ne puiserait pas dans la connaissance de l'histoire le goût de l'immobilité, mais le sentiment de ses droits et de ses devoirs, et, le jour où ce sentiment deviendrait populaire, il n'y aurait plus ni découragement, ni surprise. Une nation s'interrogerait comme un homme s'interroge et trouverait dans son passé des leçons éloquentes pour sa conduite dans le présent. Elle ne marcherait plus au hasard, mais s'avancerait d'un pas ferme vers le but marqué par la raison et l'expérience dans la voie du progrès et de la civilisation.

« L'histoire deviendrait donc une sorte de morale fondée sur l'expérience, une philosophie pratique, capable de nous inspirer ou de fortifier en nous ce qui constitue la vertu humaine, c'est-à-dire la force de vouloir et d'agir, le courage de vaincre la nature physique, le dévouement à la famille, à la patrie, à la société. » (1)

« Mais, dit judicieusement M. Louis Binaut, l'histoire ne commence pas au lendemain des faits. Quand toutes les choses, petites ou grandes, qui bruis-

(1) Auguste Filon.

sent ensemble et nous étourdissent confusément, se sont précipitées dans l'éternel silence, il faut encore que quelques années s'écoulent pour que la mémoire et l'oubli aient reconnu à chacun sa part. »

Cette doctrine est trop raisonnable pour que nous la combattions ; toutefois elle entraîne un inconvénient auquel on n'a pas assez réfléchi : Certains faits s'obscurcissent, faute d'avoir été notés sur l'heure, et plus tard l'historien obligé à de longues recherches pour les retrouver, ne les voyant plus dans le milieu où ils se sont produits, court le risque de ne plus les retracer avec leur véritable physionomie. De là, vient le crédit accordé aux *Mémoires* contemporains qui souvent projettent une vive lueur sur une époque. Mais dans les *Mémoires*, la personnalité de l'auteur s'accuse toujours et il étend l'histoire sur un lit de Procuste, allongeant ou raccourcissant les événements d'après sa mesure.

L'œuvre à laquelle nous nous consacrons a pour but de remédier à l'inconvénient que nous avons constaté, tout en évitant l'écueil signalé pour les *Mémoires*. Placé en dehors des événements politiques, sans fanatisme comme sans rancune, nous voulons exposer les faits du règne de Napoléon III, année par année, tels qu'ils se sont passés. De là notre titre : *Annales*. Nous laisserons au lecteur et au temps le soin de tirer les conclusions. Notre livre ne sera en quelque sorte qu'une épreuve photographique du second Empire, avec quelques retouches amenées par la marche des événements.

Nous n'avons pas la prétention d'écrire l'histoire du régime actuel ; la postérité seule se trouvera dans les conditions nécessaires pour asseoir un jugement définitif sur notre époque. Le but que nous nous proposons, c'est de rassembler des matériaux que plus tard une main plus habile pourra utiliser pour élever un monument historique. Nous nous contentons d'en jeter les fondements : à d'autres de le construire. Mais, nous le disons, sans vanité comme sans fausse modestie, de la solidité des fondements dépend celle de l'édifice.

« Plus un homme est haut placé, a écrit l'empereur Napoléon III dans le *Préambule de la Constitution,* plus il est indépendant, plus la confiance que le peuple a mise en lui est grande, plus il a besoin de conseils éclairés et consciencieux. » Or, l'histoire est la conseillère des souverains, on l'a répété souvent, mais, celle qu'on se garde de leur exposer sous son vrai jour, c'est la leur. Qui sait, cependant, combien de résolutions les maîtres du monde auraient modifiées, si, jetant un regard en arrière, comme le peintre qui se recule pour mieux juger l'effet d'un tableau, ils avaient pu revoir l'espace parcouru depuis leur avènement.

Sous ce rapport, notre œuvre ne sera peut-être pas inutile en plaçant sous les yeux de ceux qui ont dirigé les affaires de la France depuis dix-sept ans le tableau de leurs actes et des résultats de leur administration.

Si l'histoire est la leçon des rois, nous ne voyons pas pourquoi elle ne deviendrait pas également celle des peuples. Eux aussi pourraient y puiser de féconds enseignements. Ils apprendraient à surmonter les défaillances; ils apprécieraient toute la valeur d'une ferme volonté qui marche à son but, sans se laisser décourager ni par les obstacles, ni par l'envie, ni par la malveillance. Mis ainsi en présence, les peuples et les souverains comprendraient mieux leurs efforts vers le bien, leurs droits et leurs devoirs. Ils se connaîtraient mieux, et, nous ne craignons pas de l'affirmer hautement, se rendant mutuellement justice et concevant plus d'estime les uns pour les autres, ils entreraient dans une communion d'idées plus intime. Tout le monde y trouverait son profit, à commencer par la civilisation et la liberté.

Quelque impartial que l'on veuille se montrer, on est homme avant tout et toujours obligé d'embrasser un parti. Le nôtre sera celui de la vérité. Nous n'admirerons pas avec préméditation comme des courtisans, nous ne critiquerons pas avec obstination comme des ennemis. Nous appartenons à cette génération qui est entrée dans le monde avec l'empire, et comme nous n'entendons parler que de ce que nous avons vu par nos propres yeux, nous commençons notre histoire à la proclamation de l'empire et nous la poursuivrons jusqu'à la révision de la constitution de 1852 par le sénatus-consulte de 1869.

Partisan de la liberté, nous applaudirons à son extension; mais nous resterons également éloigné, et de ceux qui réclament des changements à vue, nous rappelant le mot profond d'un ancien : *Non it natura per saltus* (la nature ne procède pas par bonds), et de ceux qui veulent placer des obstacles sur la voie de la civilisation, dans un coupable oubli de la première loi de l'humanité, le progrès.

Nous avons déclaré que nous ne nous proposions de retracer en détail que les annales du second empire à partir de sa proclamation. Mais pour bien comprendre un trait, pour bien saisir un caractère, il est nécessaire de l'étudier avant le moment où il est mis en relief. Écrire l'histoire du second empire, sans la faire précéder, sous forme d'introduction, d'un résumé de la vie de son chef depuis sa naissance jusqu'au jour de son avènement, ce serait répandre à plaisir l'obscurité là où nous voulons que la lumière se fasse. Napoléon III est en germe dans Louis-Bonaparte, et rien n'est plus capable d'expliquer l'homme politique que l'écrivain, l'Empereur que le prétendant.

L'homme qui tient en mains les rênes du gouvernement, est un caractère tout d'une pièce. Une phrase qu'il prononça à l'Assemblée constituante dans la séance du 25 octobre 1848, le peint tout entier : « Je suivrai toujours, *comme je l'entends*, la ligne que je me suis tracée, sans m'inquiéter, sans m'arrêter. » Nous le verrons, en effet, sur le trône mettre en œuvre la Constitution qu'il avait méditée au fort de Ham et même quelques années avant sa captivité. De bonne heure il s'était tracé une voie et il la suit sans se détourner, à travers tous les obstacles, comme un boulet va frapper fatalement au but en dépit de la résistance des vents contraires.

La reine Hortense avait deviné cette tendance de son esprit, car elle l'avait surnommé le « doux entêté. » Un tel caractère est une force qui peut devenir une source de biens ou un danger pour le pays, selon l'application qu'en fera celui qui la possède. De quel côté doit pencher la balance, c'est ce que pourront décider ceux de nos lecteurs, qui nous accompagneront jusqu'au bout dans la route difficile où nous nous engageons.

Un dernier mot. Il est bon que tous, même les enfants, connaissent l'histoire contemporaine. Or, s'il est un attrait capable de maîtriser leur attention, c'est surtout celui des gravures. Nous avons donc cru utile de faire illustrer nos *annales* par des artistes en renom. La gravure servira à fixer le fait dans la mémoire.

Si nous atteignons le but que nous nous sommes proposé, c'est encore aux lecteurs qu'il appartiendra d'en décider. Quant à nous, nous nous contentons de terminer ce préambule par le mot de Montaigne : « Ceci est un livre de bonne foi. »

INTRODUCTION

NOTICE BIOGRAPHIQUE SUR L'EMPEREUR NAPOLÉON III JUSQU'A
LA PROCLAMATION DE L'EMPIRE.

(1808-1852)

I.

Charles-Louis-Napoléon Bonaparte, empereur des Français sous le nom
de Napoléon III, est né aux Tuileries le 20 avril 1808, de Louis Bonaparte,
roi de Hollande, troisième frère de Napoléon Ier, et de Hortense de Beau-
harnais, fille de l'impératrice Joséphine.

Bien qu'il ne fût que le troisième fils du roi de Hollande, sa naissance
fut célébrée par des fêtes publiques comme celle d'un héritier du trône. En
effet, l'aîné de ses frères, Napoléon-Charles, étant mort du croup en 1807,
à l'âge de cinq ans; et le second, Charles-Napoléon-Louis, qui devait suc-
comber également, emporté par la rougeole en 1831, à l'âge de vingt-sept
ans, étant désigné comme le futur héritier de la couronne de Hollande, le
nouveau-né se trouvait, d'après la loi de succession du 28 floréal an XII et
du 5 frimaire an XIII, appelé à succéder à Napoléon Ier qui n'avait pas
encore d'enfant. A ce titre, il fut inscrit en tête du registre de famille de la
dynastie napoléonienne, déposé aux archives du Sénat. Le 10 novembre
1810, il fut baptisé par le cardinal Fesch au palais de Fontainebleau. L'empereur et l'impératrice Marie-Louise furent son parrain et sa marraine, circonstance qui, outre les liens du sang, explique son culte pour Napoléon Ier.

Tout semblait sourire au jeune prince, et sept années plus tard, à l'âge de
raison, entraîné par la chute de son oncle, il allait débuter dans la vie par

un exil qui dura plus de trente années. Ses parents s'étaient séparés dès 1810, par suite d'incompatibilité de caractère, et, resté près de sa mère, qui avait pris le nom de duchesse de Saint-Leu, il l'accompagna, pendant la Restauration, à Carlsruhe dans le duché de Bade, à Augsbourg en Bavière, partout où les Bourbons l'obligèrent à se réfugier. Sous sa direction, il commença ses études avec l'abbé Bertrand pour gouverneur, Th. Lebas, fils du conventionnel, et le colonel Armandi, pour précepteurs ; puis il suivit les cours du gymnase d'Augsbourg. En 1862, les anciens élèves d'Augsbourg s'étant réunis dans un banquet, l'empereur Napoléon III n'oublia pas qu'il avait été leur condisciple, et écrivit au président qu'il s'associait de cœur à leur fête. « L'exil, disait-il en terminant, fournit des expériences tristes, mais utiles ; il apprend à connaître les peuples étrangers, à apprécier sans préjugés leurs bonnes qualités et leur valeur, et si l'on est assez heureux plus tard pour rentrer sur le sol de la patrie, on garde néanmoins, pour les contrées dans lesquelles on a passé sa jeunesse, les souvenirs les plus agréables, qui restent vivants malgré le temps et la politique. »

Comme son oncle, Louis-Napoléon préférait aux études classiques les mathématiques et l'histoire. Il s'était passionné pour l'escrime et l'équitation.

En 1824, la reine Hortense se retira au château d'Arenenberg, en Suisse, dans le canton de Thurgovie. C'est là que le jeune prince fit ses premières armes, sous le commandement du général Dufour, l'un des défenseurs de la liberté helvétique. D'abord volontaire à l'école d'artilerie de Thun, Louis-Napoléon reçut ensuite ses lettres de naturalisation sous la forme d'un brevet de capitaine d'artillerie au régiment de Berne, et plus tard fut même nommé membre du Grand-Conseil, mais il donna sa démission.

Louis-Napoléon et son frère s'attendaient à voir abroger, après la Révolution de 1830, la loi qui bannissait leur famille du sol français. Louis-Philippe s'appuyait sur les généraux de l'Empire : Mortier, Lobau, Soult, Gérard, d'Erlon, Reille, et prenait pour aides-de-camp Heymès et Gourgaud. Ils crurent le moment favorable et demandèrent à rentrer en France. Sur le refus du roi-citoyen, ils répondirent à l'appel des patriotes italiens révoltés contre l'Autriche, et Louis-Napoléon écrivit à sa mère : « Votre affection comprendra mes sentiments ; nous avons contracté des engagements que nous ne pouvons manquer de remplir, et le nom que nous portons nous oblige à secourir les malheureux qui nous appellent. »

Le prince Louis-Napoléon d'après un portrait authentique du temps.

Mais Louis-Napoléon fut alors moins heureux qu'il devait l'être plus tard à Solferino. La Force écrasa le Droit, et, malgré le concours actif des deux princes, l'insurrection des Romagnes fut noyée dans le sang.

A cette nouvelle, la reine Hortense accourut à Forli pour consoler les vaincus. Elle ne trouva plus que son fils Louis étendu sur un lit de douleur. Son frère venait d'expirer dans ses bras, atteint par la rougeole (17 mars 1831). Malgré le voisinage du quartier-général autrichien, la reine, semant le bruit du départ de son fils pour la Grèce, lui fit traverser l'Italie et se réfugia à Paris, d'où le gouvernement lui intima bientôt l'ordre de partir. Après un court séjour en Angleterre, les exilés retournèrent à leur résidence d'Arenenberg, en Suisse.

En 1831, l'insurrection polonaise offrit au prince le commandement général et la couronne. Louis-Napoléon ne voulut accepter que le rôle de volontaire, et partit ; mais il apprit en route que *l'ordre régnait à Varsovie*. Alors il fit une seconde demande pour rentrer en France ; on lui répondit en réédictant le décret de bannissement contre les Bonaparte.

Le prince chercha dans l'étude une application pour son activité, et publia plusieurs ouvrages dont nous donnerons un aperçu, parce qu'ils renferment en principe toute la doctrine napoléonienne.

1º *Rêveries politiques suivies d'un projet de constitution* (1832). Ce livre singulier, mélange d'aspirations libérales et de souvenirs de la constitution de l'an VIII, commence par déclarer que la république sera administrée par un empereur. C'est en germe l'empire libéral.

2º *Considérations politiques et militaires sur la Suisse* (1833). Dans cette étude on remarque ce passage : « Non-seulement un même système ne peut convenir à tous les peuples, mais les lois doivent se modifier avec les générations. Ce qu'il nous faut en France, c'est un gouvernement qui soit en rapport avec nos besoins, notre nature et notre condition d'existence. Nos besoins sont la liberté et l'égalité ; notre nature c'est d'être les ardents promoteurs de la civilisation ; notre condition d'existence c'est d'être forts, afin de défendre notre indépendance. »

3º *Manuel d'artillerie* (1836). Ouvrage technique très-estimé des officiers de cette arme.

Le regrettable Armand Carrel écrivait à cette époque dans le *National* : « Les ouvrages de Louis-Napoléon annoncent une bonne tête et un noble caractère; il y a de profonds aperçus qui dénotent de sérieuses études et une grande intelligence des temps nouveaux. »

Tandis que le prince vivait tranquille dans la retraite, on s'agitait pour lui au dehors. Un ancien militaire, M. Fialin de Persigny, pour lequel le bonapartisme était un culte, en soutenait les dogmes dans quelques journaux; il avait même fondé l'*Occident français*, afin d'y exposer sa doctrine qui se trouve résumée dans le passage suivant : « Il n'est pas en Europe un seul homme instruit des affaires de son temps, qui n'attende une complète rénovation de ce continent. Il semble que la voix, partie autrefois des régions orientales pour annoncer un Messie, proclame à cette heure la vaste synthèse politique vers laquelle nous avançons chaque jour davantage. A nous donc l'idée napoléonienne suppliciée au rocher de Sainte-Hélène dans la personne de son glorieux représentant ! En cette impériale idée, résident la tradition tant cherchée du xviiie siècle, la vraie loi du monde moderne, et tout le symbole des nationalités occidentales. Le temps est venu d'annoncer par toute la terre cet *Evangile impérial*, qui n'a point encore eu d'apostolat. Le temps est venu de relever le vieux drapeau de l'Empereur, non-seulement l'étendard de Marengo et d'Austerlitz, mais celui de Burgos et de la Moskowa. *L'Empereur, tout l'Empereur.* »

Le grand-prêtre du nouveau culte se présenta au château d'Arenenberg avec une lettre d'introduction de M. Belmontet, et devint bientôt l'intermédiaire entre Louis-Napoléon et ses partisans.

Lorsque le prince crut le terrain suffisamment préparé, il essaya de récolter les fruits de ses efforts.

Le moment d'ailleurs était favorable.

Louis-Philippe, roi de par les barricades, se suicidait par l'ingratitude. Méconnaissant son origine, « il avait, dit M. Sarrans jeune, dépouillé la robe populaire de Juillet pour s'affubler des oripeaux de la légitimité ». Républicains et légitimistes le tenaient également en suspicion. Le sang avait déjà coulé plusieurs fois, au cloître Saint-Merry, rue Transnonain, à Paris et dans les rues populeuses de Lyon. Le procès d'avril, les *lois de septembre*, promulguées par M. Thiers après l'attentat de Fieschi, avaient encore irrité l'opinion. On reprochait à celui qu'Henri Heine a surnommé avec une spirituelle ironie le « *Napoléon de la paix* », de s'appuyer uniquement sur la classe moyenne, de gouverner dans l'intérêt de la bourgeoisie, et de sacrifier la gloire nationale à son amour pour de la paix et au désir de consolider sa dynastie.

Louis-Napoléon se croyait sûr des sympathies de l'armée et du peuple. Dans de fréquents voyages à Bade, à la cour de la grande-duchesse Stéphanie, sa tante, il avait gagné à sa cause le colonel d'artillerie Vaudrey, dont le régiment tenait alors garnison à Strasbourg. Un lieutenant de pontonniers, M. Laity, était avec M. de Persigny et un chef de bataillon, M. Parquin, ses principaux confidents.

A la tête d'une douzaine d'officiers, le jeune prince, confiant dans sa fortune, quitte Arenenberg le 25 octobre 1836, s'arrête à Lahr le 27, pour faire raccommoder une roue de sa calèche qui s'était cassée, et arrive à Strasbourg le 28 à 11 h. du soir. Le 30, à 6 h. du matin, selon le plan arrêté avec le colonel Vaudrey, il se dirige vers la caserne d'artillerie qui le reçoit aux cris de : *vive l'Empereur!* De là il se rend chez le général Voirol qui refuse de le seconder et parvient à s'échapper. Le prince marche alors sur la caserne d'infanterie de Finkmatt et harangue les soldats qui se montraient assez disposés à le suivre, lorsqu'au milieu de la confusion inséparable d'un pareil moment, le lieutenant Plegner d'abord et un instant après le lieutenant-colonel Taillandier rappellent les soldats à leur devoir. Une lutte s'engage et le prince est fait prisonnier.

Dans l'interrogatoire qu'il subit, Louis-Napoléon répondit avec beaucoup de sang-froid.

« — Qu'est-ce qui vous a poussé à agir comme vous l'avez fait? lui demandait-on.

« — Mes opinions politiques et mon désir de revoir ma patrie dont l'invasion étrangère m'avait privé. En 1830, j'ai demandé à être traité en simple citoyen; on m'a traité en prétendant; eh bien, je me suis conduit en prétendant.

« — Vous vouliez établir un gouvernement militaire?

« — Je voulais établir un gouvernement fondé sur l'élection populaire.

« — Qu'auriez-vous fait vainqueur?

« — J'aurais assemblé un Congrès national. »

Le prince ajouta que lui seul avait tout combiné, tout conduit, et qu'il assumait sur sa tête la responsabilité entière de sa rébellion.

Il fut conduit à Paris à l'hôtel de la Préfecture de police et deux heures après dirigé sur Lorient. Détenu à la citadelle de Port-Louis jusqu'au 21 novembre, il fut embarqué sur l'*Andromède*, en destination de l'Amérique, malgré ses protestations et sa demande d'être jugé avec ses compagnons d'aventure. Ceux-ci comparurent devant la Cour de Colmar et furent acquittés par le jury qui ne crut pas devoir condamner les soldats de l'entreprise en l'absence de leur chef. Les plus compromis étaient le colonel Vaudrey, le lieutenant Laity, le chef de bataillon Parquin, MM. Thierret, Lichtenberger et Martin de Strasbourg. Quant à M. de Persigny, qui avait arrêté le préfet, il parvint à s'échapper, erra dans la forêt Noire, longea le Rhin et passa en Angleterre.

Louis-Philippe avait été heureux, vu l'impopularité de son gouvernement, que la reine Hortense, en venant implorer la grâce de son fils, lui eût fourni un prétexte de clémence.

La tentative de Strasbourg n'était pas mal combinée. Si au début elle n'eût pas été arrêtée, le plan du prince était de traverser les Vosges, la Lorraine et la Champagne, et d'arriver à Paris à la tête des troupes en triomphateur, comme son oncle au retour de l'île d'Elbe.

« Il échoua, dit M. Taxile Delord, mais la facilité avec laquelle des officiers français avaient trahi leurs serments à la voix d'un jeune homme connu seulement par son origine, l'indécision des soldats en sa présence, les acclamations de la population sur son passage, la puissance des souvenirs impérialistes, le prestige du nom de l'empereur, donnaient matière à de sérieuses réflexions. Le gouvernement dissimula ses alarmes ; ce qu'il savait sur la conspiration était de nature à les rendre sérieuses, quoi qu'il n'eût pu mettre la main sur les papiers du principal conspirateur. »

La veuve d'un colonel, Mme Gordon, qui avait donné asile à M. de Persigny, et s'était barricadée pour empêcher la police de s'emparer de lui, avait eu le temps, avant que l'on n'enfonçât sa porte, de brûler tout le dossier de la conjuration. Plus d'un des serviteurs de Louis-Philippe dut l'en remercier du fond du cœur.

Le roi cependant en sut assez pour juger prudent de feindre de ne rien savoir. Ce fut un trait d'esprit aussi bien que sa générosité envers le prétendant, qui lui écrivit une lettre de remerciement. A ce sujet, Me Parquin, frère et défenseur d'un des compagnons du prince, dit devant le tribunal :

« Parmi les défauts de Louis-Napoléon, il ne faut pas du moins compter l'ingratitude. »

La seule maladresse que commit le gouvernement de Louis-Philippe ce fut de condamner à cinq années de prison M. Laity, pour une brochure intitulée : *le Prince Napoléon à Strasbourg, relation historique des événements du 30 octobre 1836.* C'était donner au parti l'auréole du martyre.

Après sept semaines de traversée, le prince arriva en rade de Rio de Janeiro le 10 janvier 1837, y resta quinze jours consigné à bord et de là fut dirigé sur New-York, où il débarqua le 30 avril 1837. Il ne devait pas y faire long séjour. Quelques mois plus tard, sur une lettre de la reine Hortense, qui se plaignait d'être gravement malade, il quittait les États-Unis et accourait à Arenenberg recevoir les derniers soupirs de sa mère, qui s'éteignit entre ses bras le 30 octobre 1837.

Effrayé de voir un prétendant si près de lui, le gouvernement de Louis-Philippe exigea son expulsion, et, sur le refus généreux de la Suisse de se soumettre à cette injonction, concentra sur les frontières helvétiques un corps de 25,000 hommes. Louis-Napoléon, pour ne pas susciter d'embarras à sa patrie d'adoption, se réfugia en Angleterre.

Dans son *Histoire de l'Europe depuis l'avènement du roi Louis-Philippe,* M. Capéfigue ayant avancé à ce sujet que le prince s'était engagé à rester dix ans en Amérique, bruit qui avait longtemps couru, reçut cette réponse : « Je donne ici le démenti formel que j'ai si souvent donné à cette fausse allégation. »

De l'Angleterre, Louis-Napoléon ne cessa de correspondre avec ses amis de la presse, MM. Saint-Edme, Charles Durand, Barginet et de Crouy-Chanel qui fondait le *Capitole*, tandis que M. Mocquart achetait le *Commerce*. Ces deux journaux devinrent les organes du parti bonapartiste, que cherchaient à relever en même temps d'anciens officiers de l'empire, tels que MM. de Montholon, de Laborde, de Vaudoncourt, de Mésonan, Voisin, Piat, Dumoulin.

De son côté, le prince ne restait pas oisif et exposait ses vues politiques dans les *Idées Napoléoniennes* (juillet 1839), tout en n'ayant l'air que de commenter les principes politiques de son oncle, avec lequel du reste il était en parfaite communauté d'opinions. Cette apologie du système impérial, parsemée de phrases démocratiques, peut être considérée comme le *vade-mecum*, le *bréviaire* du bonapartisme dont voici les articles de foi :

La Révolution de 89 avait eu sa mission, détruire tout ce qui existait. Napoléon a eu la sienne, tout organiser sur de nouvelles bases ; tous deux ont accompli leur tâche.

Lorsque la Révolution eut fait table rase de l'ancien régime, le premier consul a rétabli l'unité, la hiérarchie et les véritables principes du gouvernement.

L'administration rendue plus facile par la centralisation, les procédés de la justice simplifiés, les finances relevées, l'armée et la police reconstituées, la charpente de notre édifice social, en un mot, tout cela est l'œuvre de l'Empereur, et cette œuvre a résisté à sa chute et à trois révolutions. Le seul tort de Napoléon Ier, c'est d'avoir voulu faire en six ans l'œuvre de plusieurs siècles.

L'organisation administrative, militaire, judiciaire, religieuse, financière du Consulat et de l'Empire étaient des institutions admirables, appropriées parfaitement aux besoins de la France. Aujourd'hui, le retour à ces institutions modifiées dans un sens libéral est encore le salut du pays.

L'auteur, après avoir distingué dans les peuples deux natures et deux instincts, l'un divin, qui tend à nous perfectionner, l'autre mortel, qui tend à nous corrompre, ajoutait cette phrase significative : « Sous le rapport de notre essence divine, il ne nous faut, pour marcher, que liberté et travail ; sous le rapport de notre nature mortelle, il nous faut pour nous conduire un guide et un appui. Un gouvernement n'est donc pas, comme l'a dit un économiste distingué, un livre nécessaire ; c'est plutôt un moteur bienfaisant de tout organisme social. Le meilleur gouvernement est celui qui se formule sur le besoin de l'époque et qui, en se modelant sur l'état de la société, emploie les moyens nécessaires pour frayer une route facile à la civilisation qui s'avance. Mais toi, France, épuiseras-tu tes forces et ton énergie à lutter sans cesse avec tes propres enfants ? Non ! telle ne peut être ta destinée ; bientôt viendra le jour où pour te gouverner, il faudra comprendre que ton rôle est de mettre dans tous les traités ton épée de Brennus en faveur de la civilisation. »

Ces paroles contenaient un programme, et le prince allait pour la seconde fois tenter de conquérir la position qui lui permît de le réaliser.

Le moment était encore plus opportun que lors de l'expédition de Strasbourg. Louis-Philippe accumulait fautes sur fautes. La nation était déshé-

ritée du progrès au dedans et de la dignité au dehors, le gouvernement se
ruait contre la liberté à l'intérieur et contre l'indépendance à l'extérieur,
sans que les citoyens pussent trouver de garanties dans les lois, et, selon
une expression remarquable de M. Sarrans jeune, « il fallait que cette ter-
reur eût aussi son 9 thermidor ».

Une dernière humiliation vint combler la mesure. Tandis que M. Thiers
faisait traîner en longueur une solution temporaire de cette question d'O-
rient si souvent résolue et toujours à résoudre, le 17 juillet 1840, lord Pal-
merston donnait communication à M. Guizot d'un traité signé le 15, à notre
insu, entre la Russie, l'Angleterre, la Prusse et l'Autriche.

« Non-seulement, dit M. Duruy, la solution qu'avait voulu faire préva-
loir la France était écartée, mais la France elle-même était exclue du concert
européen. On ne l'avait pas seulement consultée. Ce traité injurieux pour
nous quant au fond, l'était plus encore par le secret avec lequel il avait été
négocié et signé. La France ressentit vivement cette humiliation. »

Les têtes les plus froides, les esprits les plus timides furent emportés par
le mouvement général d'indignation.

Louis-Napoléon, qui de Londres suivait attentivement les mouvements de
l'opinion publique en France, résolut de profiter de la circonstance pour
prendre sa revanche de l'échec de Strasbourg. Le pays venait d'être abaissé ;
dans une proclamation il lui promit de le relever, et vint avec confiance
faire un appel à la nation, trompé sur ses dispositions par ses partisans qui
croyaient volontiers à l'existence de ce qu'ils désiraient.

Un autre sentiment le guidait encore. Lorsque le général Bertrand avait
offert au roi l'épée de Napoléon Ier, le prince avait protesté en disant :
« L'épée d'Austerlitz ne doit pas être entre des mains ennemies ».

Les événements étaient plus graves cette fois. La *Belle-Poule*, sur laquelle
le prince de Joinville rapportait en France les cendres de l'Empereur, était
en route, et Louis-Napoléon regardait comme une atteinte portée aux droits
et à la dignité de la famille Bonaparte, que d'autres que ses membres re-
prissent les cendres du fondateur de la dynastie napoléonienne.

Il partit donc de Londres sur l'*Edinburgh-Castle*, bateau à vapeur, avec
une cinquantaine d'hommes ignorant pour la plupart ses projets et, dans la
nuit du 6 août, débarqua à Vimereux, à sept kilomètres de Boulogne. Trois
officiers seulement l'y attendaient. Le cortége se dirigea sur Boulogne, con-.

Louis-Napoléon au fort de Ham.

duit par le docteur Lombard, qui portait un drapeau tricolore surmonté d'un aigle. En entrant dans la ville la petite troupe essaya vainement de gagner un poste composé de soldats de la ligne. Arrivé à la caserne du 32me le prince était sur le point d'entraîner le régiment, lorsque le capitaine Col-Puygelier fit rentrer les soldats dans le devoir. Le prétendant marche alors sur la ville, mais il trouve les portes fermées et la garnison en éveil. Il rebrousse chemin, puis se voyant près d'être cerné par la troupe, il donne le signal de la retraite. Un bateau pour les bains était amarré près du rivage, les conjurés se jettent à l'eau pour l'atteindre. Le capitaine du port, M. Pollet, leur coupe la retraite, et ils sont criblés de balles par des gardes nationaux. Pour sa part, le prince fut atteint d'une balle morte, et en reçut deux dans ses habits.

Recueillis par M. Pollet, le prétendant et ses compagnons furent conduits d'abord au château de Boulogne, puis au fort de Ham, et de là, transportés à Paris pour comparaître devant la Chambre des Pairs, érigée en cour de justice. Les accusés étaient au nombre de vingt et un. MM. Berryer et Ferdinand Barrot prêtèrent au prince le concours de leur parole éloquente. Le procès dura six jours, du 28 septembre au 3 octobre.

Le chancelier Pasquier ayant demandé au prince les motifs de son entreprise, Louis-Napoléon répondit : « Pour la première fois de ma vie, il m'est enfin permis d'élever la voix en France, et de parler librement à des Français. Malgré les gardes qui m'entourent, malgré les accusations que je viens d'entendre, plein des souvenirs de ma première enfance, en me trouvant dans ces murs du sénat, au milieu de vous que je connais, messieurs, je ne puis croire que j'aie des juges. Une occasion solennelle m'est offerte d'expliquer à mes concitoyens ma conduite, mes intérêts, mes projets; ce que je pense, ce que je veux... Lorsqu'en 1830, le peuple a reconquis sa souveraineté, j'avais cru que le lendemain de la conquête serait loyal comme la conquête elle-même, et que les destinées de la France étaient à jamais fixées; mais le pays a fait la triste expérience des dix dernières années. J'ai pensé que le vote de quatre millions de citoyens qui avait élevé ma famille nous imposait au moins le devoir de faire appel à la nation et d'interroger sa volonté... Quant à mon entreprise, je le répète, je n'ai point eu de complices. Seul, j'ai tout résolu. Personne n'a connu à l'avance ni mes projets, ni mes ressources, ni mes espérances. Si je suis coupable envers quelqu'un c'est envers mes amis seuls..... Un dernier mot, messieurs. Je représente devant vous un principe, une cause, une défaite ; le principe, c'est la souveraineté du peuple ; la cause, c'est l'empire ; la défaite, Waterloo. Le principe, vous l'avez reconnu ; la cause, vous l'avez servie ; la défaite, vous voulez la venger. Non, il n'y a pas de désaccord entre vous et moi, et je ne veux pas croire que je puisse être dévoué à porter la peine des défections d'autrui. Représentant d'une cause politique, je ne puis accepter comme juge de mes volontés et de mes actes une juridiction politique. Vos formes n'abusent personne. Dans la lutte qui s'ouvre il n'y a qu'un vainqueur et un vaincu. Si vous êtes les hommes du vainqueur, je n'ai pas de justice à attendre de vous et je ne veux pas de générosité. »

Une preuve de cette inflexibilité de caractère que nous avons signalée chez Louis-Napoléon, c'est que, dans l'intervalle entre le plaidoyer de M. Berryer et le jugement, le prince traduisit l'*Idéal* de Schiller, son poète favori.

Le 6 octobre 1840, Louis-Napoléon fut condamné par arrêt de la Chambre des Pairs à la détention perpétuelle dans une forteresse. Quatre jours après, il fut transféré au fort de Ham avec le général Montholon et le docteur Conneau, qui partagèrent sa captivité. C'est de là qu'il écrivait à Mme de Hamilton : « Je ne désire pas sortir des lieux où je suis, car ici je suis à ma place ; avec le nom que je porte, il me faut l'ombre d'un cachot ou la lumière du pouvoir. »

M. de Persigny fut enfermé à Doullens, puis transféré à l'hôpital de Versailles.

On doit reconnaître qu'il fallait au prince une imperturbable confiance en son étoile et une croyance solidement assurée dans le fatalisme politique pour oser, après l'*échauffourrée de Strasbourg*, risquer une tentative identique à Boulogne.

M. Guizot qui, à cette époque, avait ri, comme bien d'autres — dont quelques-uns sont aujourd'hui des plus chauds partisans de l'Empire — « de la folle aventure du prince Louis », ne peut s'empêcher de faire de profondes réflexions en écrivant ses *Mémoires* sous le règne du même prince.

« Je ne relis pas sans quelque embarras, dit-il, ce que disait tout le monde en 1840, et ce que j'écrivais moi-même. La Providence semble quelquefois se complaire à confondre les jugements et les conjectures des hommes. Il n'y a pourtant dans l'étrange contraste entre l'incident de 1840 et l'empire d'aujourd'hui rien que de naturel et de clair. Aucun événement n'a ébranlé la foi du prince Louis-Napoléon en lui-même et dans sa destinée ; en dépit des succès d'autrui et de ses propres revers, il est resté étranger au doute et au découragement. Grand exemple de la puissance que conserve, dans les ténèbres de l'avenir, la foi persévérante, et grande leçon à quiconque doute et plie aisément devant les coups du sort ! »

Jusque-là le prince n'avait guère joué d'autre rôle que celui d'un jeune homme dévoré d'activité et aventureux. La captivité lui fut doublement utile. Elle l'entoura aux yeux du public de l'auréole du martyre et la solitude lui donna une maturité qui, jointe à l'inflexibilité de son caractère, fait sa principale force. Louis-Napoléon bien « qu'il n'aime pas l'esprit et les mots », comme le marque un de ses biographes, M. Louis Ulbach, a dit que ce fut « à l'université de Ham » qu'il perfectionna ses études historiques, politiques et sociales. Il les résuma dans plusieurs journaux et recueils périodiques et principalement dans le *Progrès du Pas-de-Calais.*

Nous insistons sur quelques-unes de ces publications, parce qu'elles nous semblent le développement, le complément des *Idées napoléoniennes,* et qu'elles contiennent en germe la Constitution de 1852.

Fragments historiques 1688 et 1830 (10 mai 1841). C'est un parallèle entre Guillaume d'Orange, se soumettant au vote de la nation anglaise avant de s'asseoir sur le trône, et Louis-Philippe s'y faisant porter par une fraction de la Chambre des Députés. C'est là que se trouve formulé cet axiome historique : « Marchez à la tête des idées de votre siècle, ces idées vous soutiennent ; marchez à leur suite, elles vous entraînent ; marchez contre elles, elles vous renversent. » -

Analyse de la question des sucres (août 1842). A propos de cette question industrielle l'auteur trace un programme politique dont l'empire n'est que l'application : « Dans tous les pays, gouverner, c'est conduire, et si dans un pays libre un gouvernement ne peut pas *trancher* à lui seul toutes les questions, son devoir du moins consiste à les *bien poser...* Le grand art du gouvernement est de consulter toutes les capacités, en leur marquant le but et la route qu'il faut suivre, car, sans cela, on a beaucoup de bruit sans effet, beaucoup de travail sans résultat. Jamais il n'y a eu en France autant de savoir et d'intelligence mis en mouvement et aptes à concourir au bien-être général, jamais pourtant on n'a si peu produit. C'est qu'il n'y a aucun ensemble, aucune direction, aucun système, et la société, remplie d'idées sans faits et de faits sans pensée, se lasse des théories sans application, comme des applications sans suite et sans portée. » Louis-Napoléon insiste dans cet ouvrage sur l'utilité d'un conseil d'État pour la préparation et la discussion des lois et émet des principes de politique commerciale anti-protecteurs, que plus tard il appliqua dans son *Traité de commerce* avec l'Angleterre.

L'opinion de l'empereur sur les rapports de la France avec les puissances de l'Europe (22 mars 1843). A l'exposition des principes de son oncle sur la matière le prisonnier ajoute son appréciation personnelle : « On s'est appliqué à faire valoir tour à tour les avantages de l'alliance anglaise et de l'alliance russe, comme s'il fallait absolument que la France se liât intimement avec l'une de ces deux grandes puissances..... A entendre ces deux thèses retentir, il semblerait que la France ait besoin d'une autre force que la sienne pour se faire respecter, d'une autre voix que la sienne pour se faire écouter dans le congrès des rois. Nous ne prétendons pas qu'il faille rester dans l'isolement et n'avoir de relations franches et amicales avec personne. Mais nous croyons qu'une alliance doit être le résultat de longs rapports bienveillants entre les nations et non le fait d'un entraînement soudain. Nous désirons qu'une bonne intelligence règne entre les Français et les Anglais, les deux peuples les plus civilisés du globe ; mais à condition que les droits et la dignité de chacune auront été pesés avec les mêmes poids dans la même balance, et que les hommes, chargés de la haute mission d'accorder deux peuples rivaux, n'auront d'autre but que le bonheur de la France et le développement de ses richesses agricoles, industrielles et commerciales, développement qui n'a lieu que lorsqu'on suit une politique franche, énergique, nationale. »

Cette alliance, l'empereur Napoléon III l'a conclue dans les conditions qu'il avait déterminées.

L'Opposition (1er avril 1853). L'auteur attaque vivement le caractère de *l'opposition*, qu'il accuse de n'avoir ni plan, ni but et d'être composée, comme disait son oncle, « d'avocats. » — « Demandez aux chefs de l'opposition dynastique comment ils comprennent les rapports internationaux de la France avec les autres puissances de l'Europe, et ils vous répondront par des *équivoques*. Demandez-leur comment ils conçoivent la diminution des impôts, l'amélioration de l'agriculture, l'organisation de l'industrie, le développe-

ment de notre commerce, et ils vous répondront par des *généralités*. Demandez-leur comment ils entendent les droits politiques des citoyens, l'organisation militaire de la France et l'organisation que réclament impérieusement les classes ouvrières, ils vous répondront : *néant*. Comme le corps
humain, une société ne prospère qu'autant que les parties dont elle est
composée remplissent chacune régulièrement leurs fonctions; l'immobilité
d'une seule entraîne la ruine de toutes les autres. Or, la tête, siége de l'intelligence, doit conduire le reste du corps, ou, si elle manque à sa mission,
elle meurt avec lui. Vous, messieurs les députés, vous êtes la tête de la
nation; celle-ci ne recevant de vous ni impulsion, ni direction, devrait donc
périr. Mais, comme les peuples ne périssent pas, la France marchera sans
vous, si vous ne savez pas la conduire. »

Lettre à M. Chapuys-Montlaville (23 août 1843). M. de Lamartine avait,
dans une lettre adressée à M. Chapuys-Montlaville, critiqué vivement le
Consulat et l'Empire, et prétendu que le 18 brumaire avait entravé la marche
de la Révolution. Le prince défendit son oncle : « Une insurrection contre un
pouvoir établi, écrivit-il, peut être une nécessité, jamais un exemple qu'on
puisse convertir en principe. Le 18 brumaire fut une violation flagrante de
la constitution de l'an III. Mais il faut avouer aussi que cette constitution
avait été trois fois audacieusement enfreinte...

« D'ailleurs, la question importante est de savoir si le 18 brumaire sauva
la République; et, pour éclaircir ce fait, il suffit de considérer quel était
l'état du pays avant cet événement...

« Je ne défends pas systématiquement toutes les institutions de l'Empire,
ni toutes les actions de l'Empereur, je les explique. Je regrette la création
d'une noblesse qui, dès le lendemain de la chute de son chef, a oublié son
origine plébéïenne pour faire cause commune avec les oppresseurs; je regrette certains actes de violence inutiles au maintien d'un pouvoir fondé par
la volonté du peuple. Mais ce que je prétends, c'est que de tous les gouvernements qui précédèrent ou qui suivirent le Consulat et l'Empire, aucun
ne fit, même pendant la paix, pour la prospérité de la France, la millième
partie de ce que l'empereur créa pendant la guerre. »

*Améliorations à introduire dans nos mœurs et nos habitudes parlemen-
taires* (18 septembre 1843). Entre autres améliorations, Louis-Napoléon
propose que les orateurs parlent de leur place au lieu de monter à la

tribune, système qu'il inaugura en 1852 et qu'il abandonna plus tard, le voyant condamné par la pratique : « Avec une tribune, une chambre ressemble trop à un théâtre, où les grands acteurs seuls peuvent réussir ; sans orateurs, au contraire, les chambres prennent le caractère de réunions d'hommes graves, qui discutent leurs intérêts sans emphase et sans apparat. »

Des Gouvernements et de leurs soutiens (4 octobre 1843). On y trouve cette phrase significative et qui dénote une juste entente de l'esprit du siècle : « Échafauder n'est point bâtir ; faire appel aux passions vulgaires de la foule n'est point gouverner. On ne fonde solidement que sur le roc. Or, bâtir sur le roc aujourd'hui, c'est asseoir le gouvernement sur une organisation démocratique. »

Le Clergé et l'État (13 décembre 1843). L'auteur propose à notre clergé le clergé allemand pour modèle : « Il fait consister le sacerdoce à faire cause commune avec tous les opprimés, à prêcher la justice et la tolérance, à enseigner la morale du Christ, morale sublime qui détruisit l'esclavage, apprit aux hommes qu'ils étaient égaux, et que Dieu leur avait mis au fond du cœur une foi et un amour pour croire au bien et pour s'aimer. »

Il ajoute sous forme de conclusion « que les ministres de la religion en France étant généralement opposés aux intérêts démocratiques, leur permettre d'élever sans contrôle des écoles, c'est leur permettre d'enseigner au peuple la haine de la révolution et de la liberté. »

La Paix (5 mars 1844). Le prisonnier de Ham, après une vive critique de la politique du « Napoléon de la paix », condamne le gouvernement de Louis-Philippe en ces termes : « Rien ne contribue davantage à envenimer les questions, à aggraver les situations, à fausser les esprits qu'une politique bâtarde, sans dignité et sans suite, qui ne sait pas ce qu'elle veut, parce qu'elle n'ose jamais vouloir. Asseoir la paix, ce n'est pas maintenir pendant quelques années une tranquillité factice, c'est travailler à faire disparaître les haines d'entre les nations, en favorisant les intérêts, les tendances de chaque peuple ; c'est créer un équilibre parmi les grandes puissances ; c'est en un mot suivre la politique de Henri IV et non la marche désastreuse de Louis XV...

« Celle-ci enfanta cette magnanime réaction qu'on nomme la Révolution française, et qui ensanglanta l'Europe pendant vingt-quatre ans. Eh bien !

le gouvernement de Louis-Philippe nous prépare les mêmes malheurs. Son amour pour la paix est un sentiment égoïste et aveugle, qui compromet tous ceux dont il recherche l'alliance. Les faits sont patents. Il y a quelques années, il n'existait plus de rivalité entre la France et l'Angleterre; ces deux peuples semblaient devoir marcher côte à côte dans la voie du progrès. Aujourd'hui, le gouvernement s'y est si bien pris qu'il a su, d'un côté, par ses attaques, et de l'autre par ses concessions, réveiller tous les sentiments de jalousie entre les deux pays; et, si jamais l'incendie s'allume, c'est lui qui en sera la cause première; car c'est lui qui aura rassemblé toutes les matières combustibles. »

On voit dans cette phrase poindre le sentiment qui plus tard présidera sous l'empire à notre alliance avec l'Angleterre.

Les Nobles (23 décembre 1844). Louis-Philippe venait de conférer le titre de duc à M. Pasquier. Le prince constate la décadence de la noblesse qui a changé sa devise généreuse : *noblesse oblige* en cette devise intéressée : *noblesse exempte*, et s'écrie : « Quant à nous, nous voudrions qu'au lieu de faire quelques nobles, le gouvernement prît la grande résolution d'en faire des milliers et millions. Nous voudrions qu'il prît à tâche d'anoblir les trente-cinq millions de Français en leur donnant l'instruction, la morale, l'aisance, biens qui jusqu'ici n'ont été l'apanage que d'un petit nombre et qui devraient être l'apanage de tous. »

Extinction du Paupérisme (1844). C'est l'ouvrage du prince Louis-Napopoléon qui a eu le plus de retentissement; aussi allons-nous l'étudier d'une façon toute particulière. La question du paupérisme a de tout temps préoccupé les hommes d'État et les économistes. Adam Smith, Owen, Jérémie, Bentham, Von Raumer, Colins, Hugentobler, Jean-Baptiste Say, le prince de Monaco, Louis Blanc et Proudhon l'ont traitée spécialement, mais aucun peut-être d'une façon aussi complète que le prisonnier de Ham.

L'extinction du Paupérisme renferme d'excellentes considérations, mais il ne faut pas prendre ce livre, comme on l'a fait généralement, pour une œuvre complètement originale. C'est plutôt une habile fusion du système du prince de Monaco, de quelques idées de Louis Blanc et des vues personnelles de l'auteur. La doctrine de Louis Blanc est assez connue pour que chacun puisse lui faire sa part, mais celle du prince de Monaco, Honoré V, duc de Valentinois, antérieure de cinq années au livre du prince Louis, étant presque entièrement ignorée, l'impartialité nous oblige à en donner un résumé d'où son influence sur les principes de Louis-Napoléon ressortira naturellement.

Frappé de cette réflexion de Von Raumer : « Le véritable homme d'État cherche non-seulement à assurer la propriété de chacun, mais encore à procurer de la propriété à chacun », le prince de Monaco étudia le *paupérisme*

et mit en application dans la commune de Torigny les moyens qu'il jugea les plus propres à triompher de cet ennemi public.

La question du paupérisme peut, selon lui, se diviser par rapport à la population rurale et par rapport à la population urbaine. L'auteur se préoccupe surtout des campagnes. Le but de son système est l'extinction de la mendicité, c'est-à-dire repousser de la commune les pauvres qui lui sont étrangers, et, à l'égard des pauvres indigènes, leur interdire la mendicité en leur procurant les moyens de n'avoir plus besoin d'y recourir.

Pour atteindre ce but, le système d'Honoré V a trois degrés. Au premier degré, c'est la substitution des secours réguliers de la charité collective aux aumônes accidentelles de la charité individuelle au moyen de souscriptions; au deuxième degré, c'est l'emploi des bras par le travail domestique; au troisième degré, c'est l'agriculture perfectionnée.

Au dernier se rattache le système d'assolement du prince, qui veut, par le perfectionnement de l'agriculture, augmenter, dans une proportion considérable pour le fermier, la quantité de travail, de telle sorte que le fermier puisse trouver, dans cet excédant de travail, le moyen d'occuper l'indigent valide ou de combler pour lui l'insuffisance du salaire.

Pour créer cet excédant de travail et de revenu, il s'agit d'adopter l'assolement quadriennal (blé, trèfle, légumes et avoines), et d'employer des instruments aratoires perfectionnés. On arrive ainsi : 1° à la suppression des jachères; 2° à l'introduction de la culture sarclée pour les légumes. Le sarclage permet d'employer les femmes, les enfants et les vieillards, avantage inappréciable !

Toutes ces améliorations, Honoré V les attendait de l'association et de l'initiative privée. Son essai à Torigny a démontré la justesse de ses calculs.

Le simple exposé de ce système indique combien, dans la pensée de son auteur, le perfectionnement de l'agriculture doit concourir à l'extinction de la mendicité, cette fille du paupérisme.

C'est aussi le principe fondamental de la théorie du prince Louis-Napoléon; mais on verra que cette théorie est bien plus large, plus féconde et d'une portée plus haute, plus étendue, plus philosophique que celle d'Honoré V.

Cela se conçoit d'ailleurs : il est plus facile de perfectionner que d'inventer.

« La richesse d'une nation, » dit le prince économiste, « dépend de l'agriculture, de l'industrie, du commerce et de la répartition des revenus publics. »

Or, tous ces éléments de la prospérité publique sont minés, selon lui, par un vice organique : l'agriculture, par le morcellement de la propriété, l'industrie, par le manque de règle et d'organisation. « C'est un véritable Saturne du travail qui dévore ses enfants et ne vit que de leur mort. » Ce qui ruine le commerce intérieur, c'est qu'il y a trop de producteurs et pas assez d'acheteurs. Quant au commerce extérieur, c'est une question à part : son extension, d'après le prince, est pour chaque pays en raison directe *du nombre de boulets* qu'il peut envoyer à ses ennemis.

Quelque concluante que puisse paraître cette dernière considération, nous ne l'acceptons pas, et nous croyons que le captif de Ham a dû changer d'opinion à ce sujet depuis qu'il s'est assis sur le trône impérial.

L'histoire de Tyr, de Carthage, d'Alexandrie, de Venise, condamne d'ailleurs cette thèse dans l'antiquité et le moyen âge, et, de nos jours, la Russie et la France, qui, certes, peuvent envoyer autants de boulets que l'Angleterre et les Etats-Unis, ne leur sont-elles pas inférieures sous le rapport du commerce extérieur?

On devient guerrier, on naît commerçant; l'aptitude naturelle, telle est la raison du plus ou moins d'importance du commerce des nations.

La pensée du prince Louis n'est acceptable qu'en ce sens que le commerce intérieur d'un peuple dépend en grande partie (c'est une vérité incontestable) de sa puissance maritime.

Quant à l'impôt, ce quatrième élément de la prospérité publique, le prince le compare à la pluie qui, bien répartie, fertilise, mal distribuée, dévaste. « Si, » dit-il, « les sommes prélevées chaque année sur la généralité des habitants sont employées à des usages improductifs, l'impôt, dans ce cas, devient un fardeau écrasant; il épuise le pays, il prend sans rendre. Mais si, au contraire, ces ressources sont employées à créer de nouveaux éléments de production, à rétablir l'équilibre des richesses, à détruire la misère en activant et *organisant le travail*, alors l'impôt devient le meilleur des placements. C'est dans le budget qu'il faut trouver le premier point d'appui de tout système pour le soulagement de la classe ouvrière. Le chercher ailleurs est une chimère. »

Après avoir constaté le mal en termes si précis et si justes, le prince Louis indique les remèdes qu'il juge les plus propres à le guérir.

Il faut créer de grandes associations agricoles qui reconstitueront la grande propriété sans attaquer notre principe politique d'égalité. Il faut rappeler le paysan des villes dans les campagnes, l'attacher à la terre en le rendant propriétaire, le relever par l'association, l'éducation et la discipline. En France il y a 9,190,000 hectares de sol en friche; il faut les faire cultiver et ils nourriront les colons, feront vivre les ouvriers sans travail, enrichiront le Trésor et permettront, comme couronnement du système, une équitable répartition des bénéfices du travail. « Aujourd'hui, la rétribution du travail, » dit l'auteur, « est abandonnée au hasard ou à la violence, c'est le maître qui opprime ou l'ouvrier qui se révolte. Par notre système, les salaires sont fixés comme les choses humaines doivent être réglées, non par la force, mais par un juste équilibre entre les besoins de ceux qui travaillent et les nécessités de ceux qui font travailler. C'est une grande et sainte mission, bien digne d'exciter l'ambition des hommes, que celle qui consiste à apaiser les haines, à guérir les blessures, à calmer les souffrances de l'humanité en réunissant les citoyens d'un même pays dans un intérêt commun et en accélérant un avenir que la civilisation doit amener tôt ou tard. Aujourd'hui, le but de tout gouvernement habile doit tendre, par ses efforts, à ce qu'on puisse dire bientôt : le triomphe du christianisme a détruit l'esclavage, le triomphe de la révolution française a détruit le servage, le triomphe des idées démocratiques a détruit le paupérisme. »

L'auteur distingue entre la misère, suite de la stagnation du travail, et le paupérisme, conséquence du vice. L'un est le corollaire de l'autre, et répandre dans les classes ouvrières l'aisance, l'instruction, la morale, c'est extirper le paupérisme. Trouver moyen d'initier les masses aux bienfaits de la civilisation, c'est tarir les sources de l'ignorance, du vice et de la misère.

Que faut-il pour éteindre le paupérisme? trois conditions seulement : 1º une loi; 2º une mise de fonds prise sur le budget; 3º une organisation.

Qu'une loi concède à une immense Société agricole rayonnant sur toute la France, les 9,190,000 hectares en friche, à charge de les cultiver. Actuellement chaque hectare rapporte 8 francs; qu'on le donne à bail au même prix. Que le gouvernement prête sur le budget 300 millions à cette Société, et au bout de dix années ils rapporteront 8 millions d'impôt foncier. Quant à l'organisation, rien de plus simple : « Gouverner, dit l'auteur, ce n'est plus dominer les peuples par la force et par la violence, c'est les conduire vers un meilleur avenir en faisant appel à leur raison et à leur cœur. » L'action du pouvoir sur la masse est nécessaire, mais la réaction de la masse sur le pouvoir ne l'est pas moins. Pour-établir ce double courant, des intermédiaires librement élus sont indispensables. Ce seront des prud'hommes nommés dans la proportion de *un* par *dix* travailleurs. Les ouvriers et les prud'hommes nommeront en outre de concert des directeurs de prud'hommes. Ainsi organisée, la Société sera soumise à une discipline, mais différente de celle de l'armée, car dans l'armée chacun doit obéir aux chefs, tandis que dans une association, les chefs ne sont élus que pour exécuter la volonté générale.

Ces colonies agricoles deviendront l'asile du travail, un dépôt central d'ouvriers, un *déversoir* de la population et un *réservoir* du travail. Selon les besoins, l'ouvrier passera alternativement de la terre à l'atelier et de l'atelier à la terre. On lui fournira des logements, de l'instruction à très-bon compte par suite de l'association.

En un mot, l'organisation proposée par le prince Louis-Napoléon est à peu près la même qui donne de si heureux résultats au *Familistère* de Guise. ·

Pour subvenir à tous les frais on aura les revenus du sol divisé d'ordinaire en trois parties, sans compter celle du fisc. La première nourrit les travailleurs, la seconde appartient au fermier et la troisième au propriétaire. Ici, tout étant réuni dans la même main, l'association bénéficiera des trois parts. Elle pourra donc accroître ses biens et par suite ses revenus.

L'auteur calcule ainsi la moyenne annuelle :

Recettes probables . . .	1,194,694,800
Dépenses probables. . .	378,622,278
Bénéfice net.	816,072,522

L'activité commerciale gagnera beaucoup à ce résultat, car le travail créant l'aisance, l'aisance augmentera la consommation intérieure.

Pour rendre, grâce à cette association, la classe la plus pauvre la plus riche, que faut-il ? — Moins d'une année de solde de l'armée, et après vingt ans, la France aura gagné 1 milliard, les ouvriers 800 millions et le fisc 37 millions.

Tel est en résumé ce livre qui a fait tant de bruit.

« Cet ouvrage du prince était destiné, dirons-nous en lui appliquant une phrase de M. Hugentobler, l'auteur d'une *Extinction du paupérisme*, publiée en 1867, à faire entrevoir à ses lecteurs la possibilité de résoudre pacifiquement le problème le plus palpitant d'intérêt qui se puisse imaginer, problème considéré jusqu'alors comme insoluble, celui de l'extinction du double paupérisme moral et matériel. En effet, le but de ce travail est de prouver que, contrairement à l'opinion de la plupart des économistes, l'organisation actuelle de la propriété n'est pas la seule qui puisse exister, qu'il en est une autre, sans laquelle le paupérisme matériel ne se développerait pas nécessairement comme aujourd'hui sur une ligne parallèle à l'augmentation des richesses, sans laquelle les épargnes des riches ne se feraient pas comme aujourd'hui aux dépens des pauvres, ainsi que Jean-Baptiste Say lui-même l'a confessé, sans laquelle enfin ce même paupérisme, source inextinguible d'agitation et de malaise social, pourrait être radicalement anéanti sans secousse, sans violence, comme sans injustice. »

L'auteur auquel nous avons emprunté ce passage et qui est l'un des disciples de Colins et de l'école socialiste, s'accorde avec Louis-Napoléon pour condamner le morcellement de la propriété et préconiser l'association agricole.

On s'est demandé, au sujet de l'*Extinction du Paupérisme*, pourquoi le prince qui avait exposé un système si avantageux, ne l'avait pas mis à exécution, une fois au pouvoir ? On a généralement répondu : « C'est qu'à l'époque où il écrivait l'*Extinction du Paupérisme* il n'était que prétendant, et que maintenant il est empereur. Or, Louis XI a fait école et les souverains se dépêchent de laisser sur les marches du trône en y montant les sentiments des prétendants. »

Pour être impartial, il aurait fallu ajouter que certaines parties du programme ont été essayées, comme le prouve la création des caisses de prêts .'agriculture, au commerce et à l'industrie ; il aurait fallu ajouter que l'empire a inauguré tout un système de travaux publics : c'est ainsi qu'un grand nombre de travailleurs, au lieu de chômer, sont employés à construire ou entretenir des routes, à embellir les villes, à défricher des terres incultes, à dessécher des marais, à assainir des contrées insalubres comme la Sologne. Les fonds affectés à ces travaux viennent en aide aux malheureux sans les humilier et deviennent en même temps une source de bénéfices pour la société. De cette façon, l'hygiène publique rapporte au lieu de coûter.

En outre, dans une lettre du 15 janvier 1860, adressée au Ministre d'État, l'Empereur écrivait : « Il faut améliorer notre agriculture et affranchir notre industrie de toutes les entraves qui la placent dans des conditions d'infériorité.

« Aujourd'hui, non-seulement nos grandes exploitations sont gênées par une foule de règlements restrictifs, mais encore le bien-être de ceux qui travaillent est loin d'être arrivé au développement qu'il a acquis dans un pays voisin. Il n'y a donc qu'un système général de bonne économie politique qui puisse, en créant la richesse nationale, répandre l'aisance dans la classe ouvrière. En ce qui touche l'agriculture, il faut la faire participer aux bienfaits des institutions de crédit, défricher les forêts situées dans les plaines et reboiser les montagnes, affecter tous les ans une somme considérable aux grands travaux de desséchement, d'irrigation et de défrîchement. Ces travaux, transformant les biens communaux incultes en terrains cultivés, enrichiront la commune sans appauvrir l'Etat, qui recouvrera ses avances par la vente d'une partie de ces terres, vendues à l'agriculture. Pour encourager l'industrie, il faut affranchir de tous droits les matières premières, et lui prêter exceptionnellement, et à un taux modéré, les capitaux qui l'aideront à perfectionner son matériel. »

Le Crédit foncier, les cités ouvrières, l'hôpital Sainte-Eugénie, les asiles de Vincennes, du Vésinet, l'Orphelinat du prince impérial, les cours d'adultes, toutes ces créations ne se rattachent-elles pas aux principes fondamentaux de l'*Extinction du Paupérisme ?*

D'ailleurs « aide-toi et le ciel t'aidera », dit le proverbe. Le prince Louis n'a pas prétendu que l'Etat devait se mettre à la tête de toutes ces réformes. Qui empêche l'initiative privée, en ce cas bien préférable à l'initiative gouvernementale selon nous, d'organiser une société de défrichement? Lorsqu'elle sera constituée régulièrement et solidement, ayant à sa tête, non des capitalistes, mais des hommes pratiques, compétents, de grands agriculteurs, qu'elle mette l'Empereur en demeure d'exécuter le programme du préten- dant ; qu'elle réclame une loi qui l'autorise comme société d'utilité publique et les 300 millions que l'auteur de l'*Extinction du Paupérisme* reconnaissait lui être nécessaires.

Si l'Etat se refuse à les lui avancer, alors les critiques seront justes. Mais se plaindre d'une fin de non recevoir, lorsqu'on n'a rien demandé, est aussi inique que de condamner un accusé sans entendre sa défense.

Le *Crédit rural* s'est bien fondé seul : la *Société générale de défrichement* serait dans des conditions encore bien plus favorables pour réussir. Qu'elle s'organise, s'affirme, et alors nous pourrons décider avec l'impartialité dont nous ne nous départirons jamais, si le maître des Tuileries a suivi sur les marches du trône les sentiments du prisonnier de Ham.

Nous l'avons déclaré en commençant, nous rendrons toujours à César ce qui appartient à César, dût César quelquefois ne pas être très-flatté de la restitution.

Après cet examen des *Œuvres de la captivité*, qui nous montre la même suite et la même impassibilité dans l'écrivain que dans l'homme politique, nous reprenons la biographie de ce dernier, qui pendant quatre ans (1840-44) ne s'était manifesté que par ses écrits.

En 1843, M. Castillon fut député par la république de Guatémala au prince Louis pour le prier de se mettre à la tête d'une grande entreprise ayant pour but la jonction de l'Océan Atlantique avec l'Océan Pacifique. Comme corollaire naturel de cette demande, M. Castillon, au nom de l'Amérique centrale, sollicita du gouvernement français la liberté du captif. Mais le prince ne fit rien pour appuyer cette démarche ; il se contenta d'étudier la question, donna son avis sur la possibilité et les moyens pratiques de l'en- treprise et ébaucha même un tracé de chemin de fer.

Trois ans plus tard, nouvelle tentative de l'Amérique centrale en faveur du prisonnier de Ham. A cette époque, M. Montenegro, ministre des affaires étrangères du Nicaragua, écrivit à Louis-Napoléon que son gouvernement lui conférait les pouvoirs nécessaires pour organiser une Compagnie en Eu- rope, et s'engageait, si le prince acceptait, à donner à l'œuvre le nom de : *Canale Napoleone de Nicaragua*.

M. Marcolctta, chargé d'Affaires du Nicaragua en Belgique et en Hollande,

Louis-Napoléon s'évadant de Ham.

se rendit même à Ham pour signer un traité définitif. Il trouva Louis-Napoléon occupé à réunir des matériaux pour écrire une *Vie de Charlemagne*.

Le prince n'était pas éloigné d'accepter les propositions des Américains ; il en fit part au gouvernement français ; mais cette ouverture fut accueillie par une fin de non-recevoir, et il resta prisonnier. Il ne devait pas oublier ceux qui avaient cherché à lui rendre la liberté : lorsqu'en 1855 la ligne ferrée du Honduras fut décidée de Puerto-Caballos à la baie de Fonséca, M. Herran, ministre plénipotentiaire du Honduras à Paris, communiqua à l'Empereur le projet et les plans de cette voie nouvelle. Louis-Napoléon assura à l'habile diplomate « qu'on le trouverait toujours disposé à favoriser toute entreprise qui aurait pour but de développer le commerce universel et de porter la civilisation vers l'extrême Orient ».

« Ensuite et à plusieurs reprises, nous apprend M. Henri de Suckau dans un livre intitulé *Suez et Honduras*, M. Thouvenel, ministre des affaires étrangères, puis son successeur, M. Drouyn de Lhuys, écrivirent à M. Herran que Sa Majesté l'empereur Napoléon III prenait un intérêt sympathique à l'œuvre de la commission et faisait des vœux pour son succès ».

Le souverain acquittait ainsi la dette de reconnaissance du captif (1).

Cependant, au commencement de 1846, le prince apprit que son père était gravement malade à Florence et écrivit au conseil des ministres pour demander sa liberté. Le ministère n'ayant osé prendre sur lui une décision aussi grave, le captif s'adressa directement au roi en ces termes :

« Sire, ce n'est pas sans une vive émotion que je viens m'adresser à Votre Majesté pour lui demander comme une faveur la permission de quitter la France pour un temps très-court. Depuis cinq ans, le bonheur de respirer l'air de la patrie a compensé pour moi les tourments de la captivité ; mais l'âge et les infirmités de mon père réclament impérieusement mes soins. Il a fait appel au concours de personnes bien connues par leur attachement à Votre Majesté, et il est de mon devoir de joindre mes efforts aux siens.

« Le conseil des ministres n'a pas pensé que la question fût de sa compétence. Je m'adresse donc à Votre Majesté, plein de confiance dans l'humanité

---

(1) Aujourd'hui, le chemin de fer du Honduras est en voie de construction et les valeurs de cette république sont officiellement cotées en France.

de ses sentiments et je soumets ma requête à sa haute et généreuse appréciation.

« Votre Majesté, j'en suis convaincu, comprendra une demande qui d'avance engage ma gratitude, et touchée de l'isolement d'un proscrit qui a su gagner sur le trône l'estime de toute l'Europe, elle exaucera les vœux de mon père et les miens.

« Je prie Votre Majesté d'agréer l'expression de mon profond respect.

« Signé : LOUIS-NAPOLÉON. »

De telles conditions furent mises à l'élargissement du prince que sa dignité ne lui permit pas de les accepter et qu'il résolut d'apporter lui-même un terme à cette captivité que le gouvernement de Louis-Philippe paraissait tout disposé à éterniser.

Le 25 mai 1846, jour fixé pour son évasion, grâce au dévouement de son médecin, le docteur Conneau, qui veillait dans sa chambre, auprès de son lit, comme si le prisonnier eût été malade, le prince déguisé en ouvrier, une planche sur l'épaule, sortit du fort de Ham, sous les yeux mêmes de ses gardiens. Son valet de chambre l'attendait avec une voiture sur la grande route. Le lendemain le fugitif était en Belgique, le surlendemain en Angleterre.

A peine arrivé, il demanda à M. de Saint-Aulaire, notre ambassadeur à Londres, un visa de passeport pour se rendre à Florence auprès de son père malade. Cette faveur lui fut refusée et, deux mois après, l'ancien roi de Hollande, « qui était descendu du trône sans regret le jour où il n'avait plus jugé possible de concilier avec les intérêts de la France les intérêts du peuple qu'il avait été appelé à gouverner », mourait sans même avoir la consolation de voir son fils à son lit de mort.

Louis-Napoléon s'occupait du projet de jonction de l'Océan Pacifique et de l'Océan Atlantique, lorsque la Révolution de Février vint lui faire concevoir d'autres pensées et entrevoir le rôle qu'il serait bientôt appelé à jouer comme souverain dans cette patrie où on avait refusé de le laisser rentrer comme simple citoyen.

Le 25 février 1848, il arrivait à Paris et, logé chez le représentant du peuple Viellard, l'ancien gouverneur de son frère, il écrivait au Gouvernement provisoire cette lettre que porta M. de Persigny :

« Messieurs,

« Le peuple de Paris ayant détruit par son héroïsme les derniers vestiges
de l'invasion étrangère, j'accours pour me ranger sous le drapeau de la République qu'on vient de proclamer.

« Sans autre ambition que celle de servir mon pays, je viens annoncer
mon arrivée aux membres du Gouvernement provisoire, et les assurer de mon
dévouement à la cause qu'ils représentent, comme de ma sympathie pour
leurs personnes.

« Recevez, Messieurs, l'assurance de mes sentiments.

« Signé : NAPOLÉON-LOUIS BONAPARTE. »

Le Conseil décida que le prince serait prié de retourner immédiatement
en Angleterre. « En effet, dit M. Sarrans jeune, un convoi spécial, à quatre
heures du matin, ramenait à Boulogne celui qui dix mois plus tard devait
être président de la République. »

Cette mesure était une faute. Elle grandissait le prince en le représentant
comme redoutable ; elle lui évitait les difficultés de la conduite à tenir dans
ces moments de trouble où il faut si peu de chose au plus habile pour être compromis. Elle lui fournissait une occasion de s'affirmer sous un jour favorable
en écrivant : « Après trente-trois années d'exil et de persécution, je croyais
avoir le droit de retrouver un foyer sur le sol de la patrie. Vous pensez que
ma présence à Paris est maintenant un sujet d'embarras ; je m'éloigne donc
momentanément. Vous verrez dans ce sacrifice la pureté de mes intentions
et de mon patriotisme. »

Quelques jours après, Louis-Napoléon marquait à Londres même quelle
serait sa place, s'il rentrait en France, en se rangeant parmi les amis de
l'ordre. Des affiches avaient annoncé pour le 10 avril un meeting monstre
à Kennington-Commor, dans le but de réclamer une vaste réforme électo-
rale. Plus de 300,000 personnes devaient porter processionnellement une
pétition à ce sujet à la Chambre des communes. On savait qu'un grand
nombre d'entre elles viendrait en armes, et le gouvernement inquiet déclara
qu'il n'avait rien à objecter contre le meeting, tant qu'il resterait dans les
limites de la loi, mais qu'il s'opposerait à la procession comme attentatoire

à la tranquillité publique. En même temps il ouvrait des bureaux pour l'inscription de constables volontaires. Plus de 6,000 citoyens s'y présentèrent.

C'est une coutume en Angleterre, lorsqu'on redoute un tumulte, que les

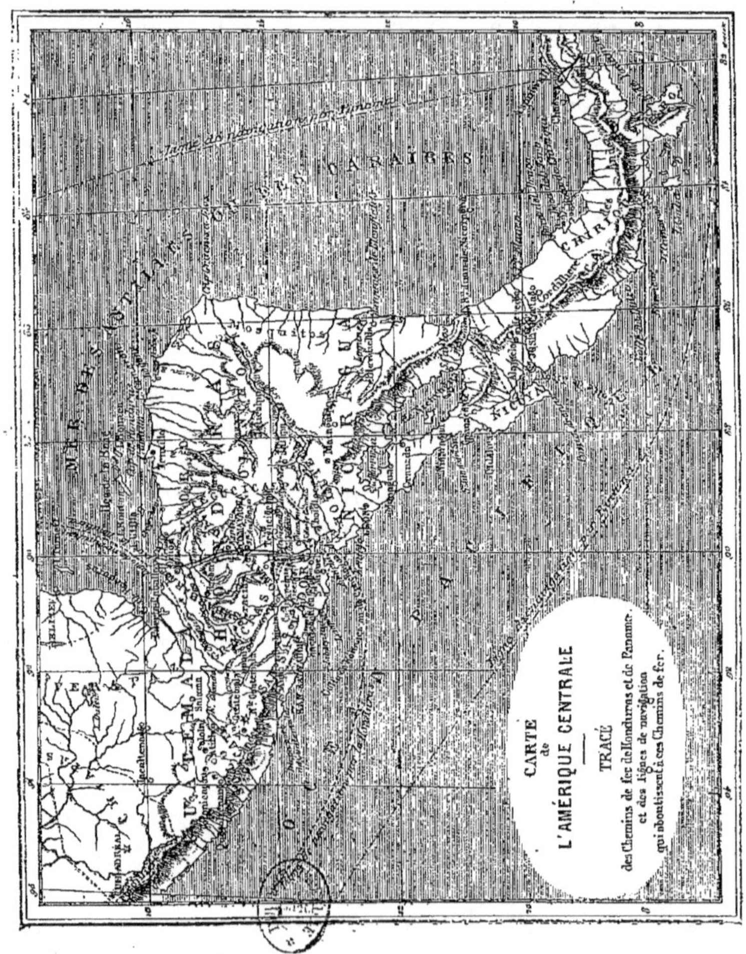

gens sensés, et principalement ceux appartenant à la classe élevée, se chargent de faire eux-mêmes la police contre les perturbateurs, car, chez nos voisins d'outre-Manche, l'institution de la police n'est pas discréditée comme en France, et on ne croit pas s'avilir en lui prêtant main-forte.

Louis-Napoléon se fit inscrire des premiers, et à l'heure du danger on le vit, à la tête d'une longue file de citoyens armés pour la défense de l'ordre, parcourir Pall-Mall street faisant reculer les émeutiers qui d'ailleurs, au lieu de 300,000, ne s'étaient réunis qu'un nombre d'environ 25,000.

On remarqua beaucoup la conduite du prince s'exposant ainsi de sang-froid pour rétablir la tranquillité dans un pays qui n'était pas le sien et envers lequel il n'était tenu qu'à une dette de reconnaissance pour l'hospitalité qu'il y avait reçue.

Il suivait de l'œil, sans s'y mêler, les événements beaucoup plus graves qui se passaient en France, lorsque, malgré sa défense, un de ses partisans, M. Armand Laity, mit en avant sa candidature aux élections complémentaires d'avril, et le fit élire député à Paris.

M. P. Proudhon, dans son journal le *Représentant du Peuple*, prophétisa ainsi les futures conséquences de cette élection : « Le peuple a voulu se passer cette fantaisie princière. Il y a huit jours, le citoyen Bonaparte n'était qu'un point noir dans un ciel en feu ; avant-hier ce n'était qu'un ballon gonflé de fumée ; aujourd'hui c'est un nuage qui porte dans ses flancs la foudre et la tempête. »

Dans une lettre en date du 11 mai 1848, le prince écrivit à M. Viellard : « Mon nom, mes antécédents ont fait de moi, bon gré mal gré, non un chef de parti, mais un homme sur lequel s'attachent les regards de tous les mécontents. Tant que la société française ne sera pas rassise, tant que la constitution ne sera pas fixée, je sens que ma position en France sera très-difficile, très-ennuyeuse et même très-dangereuse pour moi... Je ne veux me mêler de rien ; je désire voir la république se fortifier en sagesse, et, en attendant, l'exil m'est très-doux, parce que je sais qu'il est volontaire. »

Le prince déclinait donc l'honneur qui lui était fait.

Cependant, aux élections partielles du 3 juin, ayant été élu par la Seine, la Charente-Inférieure, l'Yonne et la Corse, il écrivit de Londres immédiatement cette adresse : « Enfants de Paris, aujourd'hui représentant du peuple, je joindrai mes efforts à ceux de mes collègues pour rétablir l'ordre, le crédit, le travail, pour assurer la paix intérieure, pour consolider les institutions démocratiques et concilier entre eux des intérêts qui semblent hostiles aujourd'hui, parce qu'ils se soupçonnent et se heurtent, au lieu de marcher ensemble vers un but unique : la prospérité et la grandeur du pays. »

MM. Lamartine, Ledru-Rollin et Buchez, d'accord avec le pouvoir exécutif, tentèrent vainement de faire annuler l'élection du prince en vertu du décret de bannissement du 16 avril 1832, qui n'avait pas été rapporté. M. Jules Favre conclut à la validation, appuyé par MM. Viellard et Louis Blanc. Après une vive discussion, l'assemblée se rangea à leur avis, et le lendemain son Président ouvrit la séance par la communication d'une lettre du nouvel élu :

« Monsieur le Président,

« Je partais pour me rendre à mon poste, quand j'apprends que mon nom sert de prétexte à des troubles déplorables, à des erreurs funestes. Je n'ai pas cherché l'honneur d'être représentant du peuple, parce que je savais les soupçons injurieux dont j'étais l'objet. Je recherchais encore moins le pouvoir.

« Si le peuple m'imposait des devoirs, je saurais les remplir, mais je désavoue tous ceux qui me prêtent des intentions que je n'ai pas.

« Mon nom est un symbole d'ordre, de nationalité, de gloire, et ce serait avec la plus vive douleur que je le verrais servir à augmenter les troubles et les déchirements de la patrie.

« Pour éviter un tel malheur, je resterais plutôt en exil. Je suis prêt à tout sacrifier pour le bonheur de la France. Ayez la bonté, Monsieur le Président, de donner communication de ma lettre à l'assemblée. Je vous envoie une copie de mes remercîments aux électeurs.

« Recevez l'expression de mes sentiments distingués.

« Signé : LOUIS-NAPOLÉON BONAPARTE. »

Loin de calmer l'assemblée, cette lettre et surtout la phrase : « *si le peuple m'imposait des devoirs, je saurais les remplir* », souleva une véritable tempête dans son sein. On alla jusqu'à proposer de priver le prince du bénéfice de son élection et même de ses droits civiques. On décréta l'arrestation de M. de Persigny, son représentant.

Aux cris de colère des députés, le peuple répondait du dehors par des cris de : Vive Napoléon ! Vive l'Empereur !

Averti du tumulte qui se faisait autour de son nom, le prince ne voulut pas risquer de faire éclater une émeute, et écrivit le même jour une seconde lettre qui fut lue le lendemain à l'ouverture de la séance.

« Monsieur le Président,

« J'étais fier d'avoir été élu représentant du peuple à Paris et dans trois autres départements ; c'était à mes yeux une ample réparation pour trente ans d'exil et six ans de captivité ; mais les soupçons injurieux qu'a fait naître mon élection, mais les troubles dont elle a été le prétexte, mais l'hostilité du pouvoir exécutif m'imposent le devoir de refuser un honneur qu'on croit avoir été obtenu par l'intrigue.

« Je désire l'ordre et le maintien d'une politique sage, grande, intelligente, et, puisque involontairement je favorise le désordre, je dépose, non sans de vifs regrets, ma démission entre vos mains.

« Bientôt, je l'espère, le calme renaîtra et me permettra de retourner en France comme le plus simple des citoyens, mais aussi comme un des plus dévoués au repos et à la prospérité de mon pays.

« Signé : LOUIS-NAPOLÉON BONAPARTE. »

« Le débat était clos. Le Bonapartisme et son représentant en sortaient fortifiés et grandis, » ainsi que le dit judicieusement M. Taxile Delord.

La mise en liberté de M. de Persigny, ordonnée immédiatement, fut un triomphe.

Quant au prince, il attendait patiemment que son heure fût venue.

II.

Elle n'allait pas tarder à sonner et le rôle politique de Louis-Napoléon à commencer.

Nous croyons devoir, avant d'entrer dans cette phase active de la vie politique du futur empereur des Français, revenir sur la déclaration que nous avons faite dans notre introduction.

www.ingramcontent.com/pod-product-compliance
Lightning Source LLC
Chambersburg PA
CBHW061318050726
47594CB00004B/1782